OSWALD VON NELL-BREUNING

Philosophie für unterwegs, Band 22

Zuletzt erschienen:
Band 8: Jesus. Meister des Wortes
Band 9: Hannah Arendt. Erforscherin des Bösen
Band 10: Martha Nussbaum. Philosophin des guten Lebens
Band 11: Albert Camus. Philosoph des Absurden
Band 12: Karl Marx. Philosoph der Verheißung
Band 13: Arthur Schopenhauer. Philosoph des Irrationalen
Band 14: Friedrich Engels. Philosoph der Bewegung
Band 15: Gottfried Wilhelm Leibniz. Begründer der Monadenlehre
Band 16: Sokrates. Philosoph der Selbsterkenntnis
Band 17: Simone Weil. Philosophin der Freiheit
Band 18: Platon. Begründer der Philosophie
Band 19: Konfuzius. Philosoph des rechten Weges
Band 20: Thomas von Aquin. Der Theologe als Philosoph
Band 21: Slavoj Žižek. Enfant terrible gegenwärtiger Philosophie

Florian Russi war Schüler an einem Jesuitenkolleg und studierte Jura, Volkswirtschaft und Philosophie. Nach dem Studium war er als Richter, später als Dozent für Politikwissenschaften und Rechtslehre tätig. Heute leitet er ein größeres Unternehmen der Wohlfahrtspflege. Er veröffentlichte verschiedene belletristische Werke, u. a. im Mitteldeutschen Verlag, und ist Begründer und Herausgeber der Reihe „Philosophie für unterwegs“.

FLORIAN RUSSI

OSWALD VON NELL-BREUNING

Der Sozialphilosoph

mitteldeutscher verlag

Die Reihe Philosophie für unterwegs“ wird herausgegeben von Florian Russi.

Umschlaggestaltung unter Verwendung einer Zeichnung von Lutz Bolldorf.

Bibliografische Information der Deutschen Nationalbibliothek
Die Deutsche Nationalbibliothek registriert diese Publikation in der Deutschen Nationalbibliografie; detaillierte bibliografische Daten im Internet unter http://d-nb.de.

Gesamtherstellung: Mitteldeutscher Verlag, Halle (Saale)

ISBN 978-3-96311-936-1

Printed in the EU

Inhalt

Leben und Wirken

Oswald von Nell-Breuning, der volle Geburtsname war Johann Peter Franz Maria Oswald, wurde am 8. März 1890 in Trier geboren. Der Vater, Arthur von Nell, war promovierter Jurist, preußischer Rittmeister und Weingutsbesitzer. Die Mutter stammte aus der angesehenen Familie von Breuning. Ihr Vater war Landgerichtsdirektor. Sohn Oswald besuchte das Trierer Friedrich-Wilhelm-Gymnasium und legte dort 1908 das Abitur ab. An derselben Schule hatte 1835 auch Karl Marx seinen Schulabschluss gemacht.

Nell-Breuning studierte im Anschluss je ein Semester in Kiel, München, Straßburg und Berlin Mathematik und Physik. In München begegnete er dem Theologen Ludwig Wolker, der eine bedeutende Rolle beim Aufbau von Jugend- und Sportorganisationen spielte und einen großen Eindruck bei ihm hinterließ.

In Berlin traf Nell-Breuning mit Carl Sonnenschein zusammen, der als Studentenseelsorger und ebenso als Wohltäter deutschlandweite Bekanntheit genoss. Nell-Breuning fand aber nicht mit ihm zusammen. Er notierte: „Wir haben uns zwar gar nicht vertragen: seine charismatische und enthusiastische Art und meine nüchterne Sachlichkeit – das funktionierte nicht miteinander, aber immerhin, es war einmal der Impuls" (zit. n. Arnold, S. 8).

1910 nahm Oswald von Nell zusätzlich den Familiennamen seiner Mutter an. Nach dem Semester in Berlin ging er nach Innsbruck, um dort Philosophie und Theologie zu studieren. 1911, mit 21 Jahren, trat er in den 1534 von dem baskischen Ritter Ignatius von Loyola (1491–1556) gegründeten Jesuitenorden ein. Es folgten in den Niederlanden ein Noviziat im Jesuitenkolleg in 's-Heerenberg und ein Philosophiestudium an der Hochschule des Jesuitenordens in Valkenburg. Im Ersten Weltkrieg war er 1915/16 in der Verwaltung eines Kriegslazaretts in der Nähe von Verdun dienstverpflichtet, von 1916 bis 1920 als Präfekt im Jesuiteninternat „Stella Matutina" in Feldkirch (Österreich) eingesetzt. Anschließend setzte er in Innsbruck sein Philosophiestudium fort.

1921 wurde er zum Priester geweiht. Er lernte seinen älteren Ordensbruder Heinrich Pesch (1854–1926) kennen, der zu dieser Zeit der führende Nationalökonom und Sozialphilosoph im Jesuitenorden war. Pesch war auch an der Vorbereitung der Sozialenzyklika „Quadragesimo anno" von Papst Pius XI. beteiligt. Es heißt, dass zwischen Pesch und Nell-Breuning die „Chemie" nicht gestimmt hätte. Dennoch übernahm Letzterer viele von Peschs Inhalten in die eigene Soziallehre.

Besser verstand sich Nell-Breuning mit einem anderen Sozialgelehrten dieser Zeit, seinem Ordensbruder Gustav Gundlach (1892–1963), der ebenfalls an „Quadragesimo anno" mitwirkte. Gemeinsam engagierten sich die beiden im „Königswinterer Kreis", in dem viele grundlegende Thesen zur christlichen Soziallehre diskutiert und entwickelt wurden.

1926 legte Nell-Breuning das feierliche Ordensgelübde ab, und 1928 promovierte er in Münster zum Thema „Grundzüge der Börsenmoral". Anschließend wurde er zunächst als Dozent, dann als Professor für Ethik, Moraltheologie, Kirchenrecht und Gesellschaftswissenschaften an die von Jesuiten geleitete Philosophisch-Theologische Hochschule St. Georgen in Frankfurt am Main berufen. Dort lebte und wirkte er bis zu seinem Tod am 21. August 1991. International bekannt wurde er durch seine maßgebliche Mitwirkung an der päpstlichen Enzyklika „Quadragesimo anno" und weiteren päpstlichen Sozialenzykliken und Sendschreiben.

In der Zeit des Nationalsozialismus hatte er Rede- und Schreibverbot, 1944 wurde er wegen angeblicher Devisenvergehen zu drei Jahren Zuchthaus und zu einer Geldstrafe von 500.000 Reichsmark verurteilt. Die Zuchthausstrafe brauchte er „aus gesundheitlichen Gründen" nicht anzutreten. Die Urteile wurden nach Ende der NS-Herrschaft aufgehoben.

1948 erhielt Nell-Breuning einen Lehrauftrag für Wirtschafts- und Sozialethik an der Johann-Wolfgang-Goethe-Universität in Frankfurt am

Main und 1951 an der neu konstituierten Europäischen Akademie der Arbeit, an der der Deutsche Gewerkschaftsbund, das Land Hessen und die Stadt Frankfurt beteiligt sind.

Nell-Breuning wurde zu einem viel gefragten Berater, beriet über viele Jahre die Bundesministerien für Wirtschaft, für Wohnungsbau sowie für Jugend und Familie, darüber hinaus auch den Deutschen Gewerkschaftsbund. Eine enge Zusammenarbeit pflegte er mit der Katholischen Arbeitnehmerbewegung (KAB) und dem Bund katholischer Unternehmer (BKU). Zudem war er in internationalen Gremien gefragt. Er hat sich zu vielen ethischen und sozialen Themen geäußert und verfasste im Laufe seines langen Lebens insgesamt 1.800 wissenschaftliche Titel (vgl. Friedhelm Hengsbach/Matthias Möhring-Hesse [Hg.]: Oswald von Nell-Breuning SJ. Sachdienliche Hinweise. Verzeichnis sämtlicher Schriften, Münster u. a. 2005). Sein wichtigstes Werk aber war die Entwicklung des Subsidiaritätsprinzips. Allgemein gilt er heute als Nestor der christlichen Soziallehre.

Grundlagen

Glaube

Nell-Breuning war gläubiger Katholik und Mitglied des Jesuitenordens. Die „Gesellschaft Jesu“ (SJ) hatte sich direkt dem Papst unterstellt. Dem fühlte sich auch Nell-Breuning verpflichtet. Er wehrte sich heftig dagegen, wenn ihm vorgeworfen wurde, mit seinen Vorstellungen über die Lehren der Kirche hinauszugehen. Für ihn als Katholik waren die Texte der Bibel und die Überlieferungen der Kirche maßgebend. Das bedeutete, dass für ihn die Heiligen Schriften und die Beschlüsse der Konzilien, die Gedanken der anerkannten Kirchenlehrer wie Augustinus und Thomas von Aquin sowie die Lehrschreiben (Enzykliken) der Päpste verbindlich waren. Soweit sie die Soziallehren betrafen, hat er selbst an mehreren mitgewirkt.

Aus seinem Glauben heraus waren für Nell-Breuning vor allem das Gebot der Nächstenliebe (Mt 22,39) und der Ruf nach Gerechtigkeit (Mt 5,6) bestimmend.

Enzyklika „Rerum Novarum“

Aus der kirchlichen Überlieferung war für Nell-Breuning besonders die Sozialenzyklika „Rerum Novarum“ von Papst Leo XIII. aus dem Jahr 1891 von Bedeutung. Päpstliche Enzykliken werden immer nach den Eingangsworten bezeichnet. „Rerum Novarum“ bedeutet: „von den neuen Dingen“ und wurde amtlich mit „Der Geist der Erneuerung“ übersetzt. In dieser Enzyklika sind folgende Lehrsätze festgehalten:

- Alle Menschen sind in gleicher Weise Geschöpfe Gottes und verfügen über die gleiche Würde.
- Eigentum ist ein Grundrecht und darf nicht vom Staat verteilt werden.
- Jede Arbeit verdient einen ausreichenden Lohn.
- Löhne sollen zwischen Arbeitnehmern und Arbeitgebern fair verhandelt und nicht vom Staat festgesetzt werden.
- Die Interessen der Arbeiter sollen durch selbstständige Arbeitervereinigungen (Gewerkschaften) vertreten werden.
- Für gesellschaftliche Fortschritte ist die Eigeninitiative der Menschen gefragt.
- Der Sozialismus ist nicht in der Lage, die Arbeiterfrage zu lösen und für Gerechtigkeit zu sorgen.
- Der Staat hat eine Fürsorgepflicht für seine Bürger im Fall von Not und Hilfsbedürftigkeit.
- Der Staat darf seine Bürger nicht mehr als erforderlich reglementieren, sondern soll sie in ihrer Selbstständigkeit schützen.

Naturrecht

Eine weitere Grundlage war für Nell-Breuning das „Naturrecht“, das zu seinen Lebzeiten von vielen Denkern vertreten wurde. Die christliche Naturrechtslehre besagt, dass das Weltall und alles Leben von Gott erschaffen wurde und die Schöpfung (Natur) somit auch Gottes Willen widerspiegelt. Um zu richtigen Erkenntnissen zu gelangen, sei es daher sinnvoll und erforderlich, diese Natur zu studieren und zu verstehen. Die Natur sei für alle gleich, für Christen wie für Nichtchristen, und müsse daher für alle Menschen in gleicher Weise Maßstab ihres Lebens sein.

> „Wir sind überzeugt, dass nicht menschliche Satzung oder gar Willkür darüber entscheidet, was gut oder böse, Recht oder Unrecht ist, dass es vielmehr Rechtsgüter gibt, die nicht von Menschen, auch nicht von mächtigen Gesetzgebern dazu gemacht, sondern vorgefunden werden und sich einfach durch das, was sie sind und wie sie sind, der menschlichen Erkenntnis als Werte oder Unwerte zu erkennen geben.“ (GuF, S. 349 f.)

Auch der historische Materialismus von Karl Marx enthält naturrechtliche Anklänge, wenn er postuliert, dass der Kommunismus eine von der menschlichen Natur historisch vorgegebene Gesellschaftsform sei.

Auch wir müssen auf die Natur schauen, da sie die Rahmenbedingungen für unser Leben stellt (Klima, Umwelt, Ernährung). Nur lassen sich daraus keine dogmatischen Rechtsregeln herleiten.

Die Grundprinzipien der Soziallehre

Bei den Grundprinzipien geht es um das Verständnis der menschlichen Gesellschaft und ihrer Lebensformen. Hier hat Nell-Breuning wesentliche Beiträge geleistet und maßgeblich auf die Enzyklika „Quadragesimo anno" („Im vierzigsten Jahr" – nach „Rerum Novarum") des Papstes Pius XI. eingewirkt. Auch bei den weiteren Sozialenzykliken wurde er um seinen Rat gefragt. Ebenso hatte er Einfluss auf die Nachkriegspolitik in Deutschland und auf das Wirken von Parteien, Sozialverbänden und Gesellschaften. Die Grundprinzipien, die er herausgearbeitet hat, sind Personalität, Subsidiarität und Solidarität. Was das Prinzip der Subsidiarität anbelangt, kann man ihn als dessen Erfinder bezeichnen.

Personalität

„An erster Stelle in einer Gesellschaftsordnung stehen Wert und Würde der menschlichen Persönlichkeit." So formuliert es Nell-Breuning in seiner Schrift „Zur christlichen Gesellschaftslehre" (ZcG, S. 33). Weiterhin formuliert er:

> „Dem Menschen eignet der Vorzug der Geschlossenheit, die Eigenständigkeit,

> Einmaligkeit und Unmittelbarkeit des vernünftigen, selbstmächtigen Wesens. Der Mensch ist also nicht bloß Individuum schlechthin, sondern selbstmächtiges Individuum, Person." (ebd., S. 38)

Diese Einstellung deckt sich auch mit dem biblischen Schöpfungsbericht, in dem es heißt: „Er [Gott] schuf den Menschen nach seinem Ebenbilde" (Gen 1,26–27). Eine höhere Herausstellung des Menschen ist nicht vorstellbar.

Der Mensch ist also eine eigenständige Persönlichkeit mit einem hohen Selbstwert. Er darf nicht zum Objekt oder Lakaien einer Macht oder eines Systems herabgewürdigt werden. Selbstständig denken kann nur der einzelne Mensch. Ein Kollektiv ist dazu nicht in der Lage. Auch in kollektivistischen Systemen bestimmen Einzelne, nämlich Diktatoren oder Privilegierte. Sie setzen sich dabei über die Menschlichkeit hinweg und unterdrücken die anderen. Wenn man die Geschichte betrachtet, dann hat das nie zu einem langfristigen Erfolg und noch weniger zum Glück der betroffenen Menschen geführt.

Nell-Breuning sieht die menschliche Persönlichkeit nicht als egozentrisches Wesen, „als individualistisch und asozial", sondern als „wesenhaft sozial" (ZSF, S. 206). Individuum und Gemeinschaft bedingen sich gegenseitig. Folglich muss das Personalitätsprinzip immer auch in seiner sozialen Gebundenheit gesehen werden. Persönlichkeit bedeutet auch soziale Verantwortung.

Subsidiarität

Subsidium (lateinisch) bedeutet Unterstützung oder Hilfe, und so wird Subsidiarität auch als Hilfe zur Selbsthilfe bezeichnet. Sie ist ein geniales Prinzip und findet inzwischen weltweit Anwendung. Ohne Subsidiarität ist ein friedliches und gerechtes Zusammenleben von Menschen nicht möglich. Der einzelne Mensch steht im Mittelpunkt. Doch kein Mensch kann nur auf sich gestellt leben. Als Kind ist er auf die Fürsorge seiner Eltern angewiesen. Als Erwachsener braucht er Lebensumstände, die er herzustellen allein nie in der Lage wäre. Schon unsere arbeitsteilige Gesellschaft ist eine Form der Subsidiarität. Niemand kann alles. Kein Mensch wäre in der Lage, allein für seinen Unterhalt zu sorgen, Kranke brauchen einen Arzt, Unwissende einen Lehrer, Ortsfremde einen Führer, Sprachunkundige einen Übersetzer, Neugierige einen Aufklärer, Unternehmer mitarbeitende Helfer. Indem Menschen, die zusammenleben, sich gegenseitig ergänzen und so weit wie nötig unterstützen, herrscht Subsidiarität.

Subsidiarität bedeutet nicht Notfallhilfe oder Almosen geben. Die fallen unter das Thema Solidarität. Solidarität ist, wenn ich einen Menschen vor dem Ertrinken rette, Subsidiarität, wenn ich ihn das Schwimmen lehre. Ein Arzt handelt subsidiär, wenn er einem Patienten Arzneien verschreibt und bestimmte Lebensregeln empfiehlt, die dieser dann eigenständig beherzigen muss. Subsidiär handle ich, wenn ich einen Behinderten zur Arbeit fahre, nicht, wenn ich die Arbeit für ihn erledige. Subsidiarität zielt immer auf die Erhaltung von Eigeninitiative, persönliche Verantwortung und Selbstbestimmung. Der Hilfsbedürftige soll nur insoweit Unterstützung bekommen, als er sie braucht, um selbst ein Projekt zu entwickeln oder ein Ziel zu erreichen. Das bedeutet Einsicht, Verständigung, Kooperation und Redlichkeit. Subsidiarität ist ein zutiefst menschliches Prinzip. Dazu erklärt Nell-Breuning:

> „[…] der Mensch ist ein auf Zusammenleben und Zusammenwirken mit anderen angelegtes Wesen, der seine eigene Wesenserfüllung erst in diesem Zusammenleben und Zusammenwirken finden kann." (ZcG, S. 38)

Später ergänzt er:

> „Was in der Reichweite der Glieder liegt, hat die Gemeinschaft ihnen zur selbständigen Erledigung zu überlassen; die Ge-

> meinschaft ist nur für dasjenige da, was die Glieder nur in der Gemeinschaft und durch die Gemeinschaft, also nur durch das Gemeinschaftshandeln als Glieder der Gemeinschaft erlangen können." (ebd., S. 45)

Unter anderem Nell-Breuning folgend erklärt die Konstitution „Gaudium et spes" („Freude und Hoffnung") von Papst Paul VI.: „Die gesellschaftliche Ordnung und ihre Entwicklung müssen sich dauernd am Wohl der Person orientieren, denn die Ordnung der Dinge muss der Ordnung der Personen dienstbar werden und nicht umgekehrt" (Gau 1, 26, KAB, S. 344). Subsidiarität steht demnach auch im Dienst der Personalität. Die Prinzipien müssen sich gegenseitig ergänzen und fördern.

Was nun die Verwirklichung der Hilfe zur Selbsthilfe anbelangt, so fordert Nell-Breuning, dass diese Hilfe so nahe wie möglich bei den Bedürftigen bleibt. Nähe bedeutet, dass zunächst die Familie als Helfer angesprochen ist. Die meisten Lebensfragen werden innerhalb der Familien aufgegriffen und geklärt: Sozialisation, Bildung, Rücksicht, Hilfsbereitschaft, Talente, Werteorientierung, Geborgenheit, Sicherheit, Verständnis, Förderung, um nur einige zu nennen. Müsste der Staat sich um alle diese Themen kümmern, wäre er völlig überfordert. Wenn die Familie nicht helfen kann, ist zunächst das gesellschaftliche Umfeld gefordert. Hier kommen Nachbarn, Kollegen, Selbsthilfeorganisationen, Gewerkschaften oder Interessenverbände zum Zuge. Nell-Breuning hat die Bedeutung von sozialen Organisationen immer wieder hervorgehoben.

Wenn das persönliche oder gesellschaftliche Umfeld nicht geeignet ist, so steht als nächster Helfer die politische Gemeinde in der Verantwortung, danach der Staat, d.h. für Deutschland das örtlich zuständige Bundesland und wieder eine Stufe weiter die Bundesrepublik. In der gesellschaftlichen Praxis müssen alle im Rahmen ihrer Zuständigkeiten und Möglichkeiten zusammenarbeiten. Das in unserem Grundgesetz vorgeschriebene föderalistische System ist eine öffentlich-rechtliche Subsidiarität.

Solidarität

Das Wort entstammt dem lateinischen „solidus“, das „dicht, gediegen, massiv, korrekt oder fest“ bedeutet. Es findet sich auch in unserem Wort „solide“ wieder. Im übertragenen Sinn bedeutet es „Verlässlichkeit“ oder „Treue“ und meint damit den Zusammenhalt einer Gemeinschaft. In diesem Sinn wurde es in den Arbeiterbewegungen des 19. und 20. Jahrhunderts gebraucht. Solidarität unter den Arbeitern war die Voraussetzung dafür, dass sie erfolgreich für ihre Interessen kämpfen konnten („Gemeinsam sind wir stark"). In den Gewerkschaften und sozialistischen Parteien sprachen sich die Mitglieder gegenseitig als „Genosse" oder „Kamerad" an.

Allgemein geht es bei der Solidarität um ein Mit- und Füreinander, um ein Wirgefühl, um das Verfolgen oder Bewahren gemeinsamer Anliegen. Das deckt sich weitgehend mit dem Begriff der „Brüderlichkeit", der vor allem in der Französischen Revolution (1789) seinen Ausdruck fand. Heute reden wir eher von „Geschwisterlichkeit".

Für Nell-Breuning war Solidarität ein allgemeines Lebens- und Gesellschaftsprinzip. Es war für ihn „geradezu körperlich greifbar und anschaulich" (ZcG, S. 43).

> „Es steht zwischen oder besser gesagt über den Sätzen: ‚Der Einzelne ist alles, die Gemeinschaft ist nichts' sowie umgekehrt: ‚Die Gemeinschaft ist alles, der Einzelne nichts'." (ebd.)

Solidarität betrifft alle Gemeinschaften, ob sie nun naturbedingst sind wie Familien, Eltern und Kinder oder auch Völker, ob sie auf Grund von Entscheidungen zusammenfinden wie Betriebe, Unternehmen, Vereine, Organisationen oder durch äußere Ereignisse oder Bedrohungen als Gefahrengemeinschaften zu

Stande kommen. Die Solidarität in diesen Gemeinschaften ist in sich bzw. von Gott gegeben. Sie ist schicksalhaft. Die Zugehörigen sind aufeinander angewiesen. Im Rahmen ihrer Möglichkeiten müssen sie füreinander da sein und sich helfen. Zusätzlich erkennt Nell-Breuning die Solidarität, die aus sittlicher Haltung und Gesinnung heraus erfolgt. (ZsF, S. 31). Sie ist ein ethisches Prinzip. Im besten Fall bedeutet sie: „Alle für einen und einer für alle." Nell-Breuning bezeichnet sie als „Solidarismus".

Die Sozialenzyklika „Populorum progressio" von Papst Paul VI. aus dem Jahr 1967, an der Nell-Breuning ebenfalls mitgewirkt hat, betont die Notwendigkeit der Solidarität unter allen Völkern und beklagt, dass Nationalismus und Rassismus dem entgegenstehen. In ihr heißt es: „Aufrichtiger Austausch zwischen den Kulturen wie den Menschen schafft brüderliche Gesinnung" (Pop Ziff. 73).

Personalität, Subsidiarität und Solidarität bedingen sich gegenseitig, wenn sie sich erfolgreich auswirken sollen; wenn alle sich einig sind, können sie voneinander profitieren. Die drei Prinzipien waren für Nell-Breuning so selbstverständlich, dass er sie als naturgegeben ansah.

Soziale Fragen

Arbeit

In der Sozialethik von Nell-Breuning steht der Mensch im Mittelpunkt. Dessen primäres Recht ist das Recht auf Leben. Zu diesem Leben gehört das Grundbedürfnis, sich geistig und körperlich zu betätigen. Daraus erwächst das Grundrecht zu arbeiten, das für alle Menschen gilt. Nell-Breuning schreibt:

> „Aus dem Recht auf Leben folgt zwingend das Recht auf das zum Leben unbedingt Notwendige: so lässt sich aus ihm ein Recht auf Eigentum […] und – recht verstanden – ein Recht auf Arbeit als Mittel zur Beschaffung des Lebensunterhalts ableiten.“ (GuF, S. 115)

> „Von ganz überragender Bedeutung ist das Recht zu arbeiten. Als elementares Menschenrecht steht es jedem zu, auch den Strafgefangenen und Kriegsgefangenen […].“ (ebd., S. 346)

> „Positiv besteht die Verpflichtung, die Lebensverhältnisse der menschlichen Gesellschaft so zu ordnen, dass jeder Mensch, der arbeiten kann und will, so-

> viel wie irgendwie möglich die Gelegenheit findet, zu einer für ihn geeigneten und sinnvollen Arbeit." (ZSF, S. 143)

Dabei sind vor allem der Staat, aber auch die bestehenden Unternehmen sowie die gesamte Gesellschaft gefordert. Das Ergebnis der Arbeit muss es sein, dass alle Arbeitenden einen Lohn erhalten, mit dem sie den Lebensunterhalt für sich und ihre Familie bestreiten können (ebd., S. 135). Die Höhe des Lohns soll zwischen Arbeitnehmern und Arbeitgebern ausgehandelt werden.

Wie Karl Marx hat sich Nell-Breuning mit der Entfremdung der Arbeiter von den nicht ihnen, sondern Kapitalisten gehörenden Produktionsmitteln befasst. Als ein Mittel gegen die Entfremdung sieht er die Mitbestimmung (s. dort) an. Darüber hinaus gelten die drei Hauptprinzipen Personalität, Subsidiarität und Solidarität auch für die Arbeitswelt.

Lohn/Einkommen

Nell-Breuning stellt zunächst fest, dass Lohn bzw. Einkommen Grundrechte des Menschen darstellen, unabhängig davon ob sie erwerbsfähig sind oder nicht (Kinder, Alte, Kranke, Behinderte). Er folgert: „Daraus folgt, dass noch vor der Leistung das Bedürfnis den Maßstab dafür abgeben muss, wie das, was der jeweils arbeitende Teil der Bevölkerung erarbeitet, auf die gesamte derzeit lebende Bevölkerung aufzuteilen ist“ (GuF, S. 239). Für den Teil der Bevölkerung, der erwerbsfähig ist, analysiert er verschiedene Lohnsysteme in Leistungs- oder Ertragslohn und kommt zu einem überraschenden Ergebnis. Nicht der einzelne ausgehandelte Arbeitslohn bringt eine gerechte Lösung, sondern: „Der gerechte Lohn ist nichts anderes, als der volkswirtschaftlich richtige Lohn“ (ZSF, S. 174).

Der Lohn soll sich also nach den volkswirtschaftlichen Möglichkeiten richten und niemanden übermäßig bevorzugen oder benachteiligen. Er soll nicht nur die normalen Lebensumstände abdecken, sondern auch etwas übrig lassen zum Sparen, zum Investieren und zur Vermögensbildung (DSE, S. 114). Falls einzelne Arbeitgeber wirtschaftlich nicht in der Lage sind, die angemessenen Löhne zu zahlen, müssen sie ihr System verbessern, oder andere Unternehmen oder der Staat müssen einen (vorübergehenden) Ausgleich schaffen (ZSF, S. 176).

In diesem Zusammenhang weist Nell-Breuning auf die Kaufkrafttheorie hin, die besagt, dass effektive Lohnsteigerungen immer auch zu einer Steigerung der Volkswirtschaft führen (ebd., S. 174).

Arbeitszeit

Nach dem Lohn ist die Arbeitszeit das zweitwichtigste Thema bei Tarifverhandlungen. Nell-Breuning hat ihr ein eigenes Werk gewidmet. Darin führt er zunächst aus, dass der Begriff der Arbeit sich nicht klar definieren lässt und vielfältig und unterschiedlich gebraucht werden kann (AdMz, S. 11). Auch Tiere und Maschinen können arbeiten, und Spiel und Sport können zur Arbeit werden und sich vermischen (ebd., S. 38). Er stellt fest, dass „Arbeit, Spiel und erholsame Ruhe zur Natur des Menschen gehören" und dass „Lebensunterhalt und ein ihn erfüllender Lebensinhalt" zu den Grundbedürfnissen eines Menschen gehören (ebd., S. 41). Der Lebensunterhalt kann für die meisten Menschen nur durch Arbeit und die daraus erfolgende Entlohnung erzielt werden. Grundlage ist also die „Lohnarbeit". Sie steht jedem Menschen zu und sollte mit den Bedürfnissen für Spiel und erholende Ruhe in Einklang gebracht werden.

Nell-Breuning stellt fest, dass die Zeit, in der die Lohnarbeiter für ihren Unterhalt arbeiten mussten, sich in den vergangenen hundert Jahren erheblich verkürzt habe. Als Gründe nennt er die Fortschritte in der Technik und Automatisierung sowie eine verbesserte Arbeitsorganisation. Alles in allem habe dies nicht zu einem Rückgang der Volkswirtschaften, sondern im Gegenteil zu einem ständigen Wachstum geführt. Die Einnahmen des Staates sowie die Erträge der Kapitaleigner seien gerade auch durch die Lohnerhöhungen stetig gestiegen.

Nell-Breuning hält fest, dass die Arbeitszeitverkürzungen unterschiedlich nach Wirtschaftsbereichen möglich waren und sind; im produktiven Sektor mehr als bei den Dienstleistungen. Am wenigsten lässt sich bei den Pflege- und Sozialberufen Zeit einsparen, weil menschliche Zuwendung sich nicht durch Maschinen ersetzen lässt (ebd., S. 54). Schließlich lassen sich auch in der Wissenschaft und der Politik kaum zeitliche Begrenzungen vorstellen (ebd., S. 65). Daraus aber ergibt sich eine Neuordnung der Arbeitswelt.

> „Auf der einen Seite geht es darum, alle Arbeitsfähigen und Arbeitswilligen an dem verbliebenen Minimum von Arbeit zu beteiligen und ihnen damit zugleich den für ihren Lebensunterhalt benötigten Anteil am Arbeitsertrag zu sichern; das ist die ökonomische Seite der Aufgabe. Auf der anderen Seite gilt es, die immense von Arbeit frei werdende Zeit in der rechten Weise zu nutzen; das ist ihre nicht minder gewichtige sozialethische und sozialpädagogische Seite." (ebd., S. 61 f.)

Insgesamt hält er diese Entwicklung nicht für einen Grund zur Besorgnis, sondern für einen

Segen (ebd., S. 67). Er ergänzt: „Menschliche Arbeit ist mehr als Beschäftigung zum Gelderwerb. Ziel muss eben darum sein, soviel wie eben möglich alle in sinnvolle, auch für die Gemeinschaft nützliche Tätigkeit zu bringen" (ebd., S. 70).

Das ist ein Idealbild; aber angesichts der heutigen technischen Möglichkeiten und wissenschaftlichen Fortschritte in der Automatisierung, Digitalisierung und Künstlichen Intelligenz durchaus gestaltbar.

Was aber folgt aus dieser Entwicklung? In einem Interview gab Nell-Breuning eine erstaunliche Prognose. Er sagte:

> „Den Weg der Arbeitszeitverkürzung gehen wir schon seit mehr als 100 Jahren; wir werden bestimmt auf ihm weitergehen. Auch die bisherigen Schritte sind nicht kampflos vor sich gegangen. Aber ich denke nicht an die 35-Stunden-Woche, auch nicht an die 24-Stunden-Woche. Ich denke an eine viel weitergehende Arbeitszeitverkürzung. Ich stelle mir vor, dass wir dahin kommen werden, dass zur Deckung des gesamten Bedarfs von produzierten Konsumgütern ein Tag in der Woche mehr als ausreicht [...]. [Das ist] schwer zu verwirklichen, meines Erachtens aber zwingend notwendig. Man sollte solche Zukunftsperspektiven doch

> vor Augen haben, auch wenn es nachher anders kommt […]. Durch die steigende Arbeitsproduktivität wird der […] Beruf geradezu zur Nebentätigkeit werden. Und der Beruf, dass der Mann Ehegatte seiner Frau ist oder die Frau Ehegattin ihres Mannes und dass die beiden Vater und Mutter ihrer Kinder sind und dass der Mensch sich um öffentliche Angelegenheiten kümmert […,] dass das des Menschen Leben mit Sinn erfüllen wird […]."
> (ebd., S. 97 f.)

Auf die Nachfrage, ob dies nicht schwer begreiflich sei, nannte er diese Vorstellung eine „konkrete Utopie", zwar schwer zu verwirklichen, aber zwingend notwendig (ebd., S. 98). Sie ist langfristig denkbar, man muss sich mit ihr befassen. In keinem Fall darf die Arbeitszeitverkürzung zur Massenarbeitslosigkeit führen. Richtig genutzt aber kann die gewonnene Freizeit ein hoher Gewinn sein. Arbeit und Freizeit stehen nicht getrennt nebeneinander, sondern vermischen sich. Viele sogenannte Freizeitaktivitäten sind sinnvolle Arbeit. „Viele dieser menschlichen Betätigungen sind ausgesprochenermaßen ‚produktiv', ja sie sind es, die dem Ergebnis des industriellen Produktionsprozesses erst ihren menschlichen Wert verleihen" (ebd., S. 137).

Eigentum, Vermögensbildung

Nell-Breuning sieht das Privateigentum nicht als naturgegeben an. Alle verfügbaren Güter sind grundsätzlich für alle Menschen da, und es obliegt menschlicher Weisheit und politischer Klugheit, die Eigentumsverhältnisse in der Welt zu regeln (GuF, S. 209). Grundsätzlich bejaht er das private Eigentum „als die Nutzung irdischer Güter". Es dient der Selbstbestimmtheit der Menschen und fördert ihre Entfaltungsmöglichkeiten (ebd., S. 213).

„Der rechte Sinn des Eigentums ist es, den, d. h. allen Menschen Freiheitsräume zu erschließen" (ebd., S. 216) und „allen Menschen zur Verfügung zu stehen" (ebd., S. 211).

Die im Grundgesetz geforderte Sozialbindung des Eigentums geht auch auf Nell-Breuning zurück. Wie Karl Marx unterscheidet er zwischen individuellem Eigentum und Eigentum an Produktionsmitteln. Anders als Marx aber will er die Produktionsmittel nicht verstaatlichen oder vergesellschaften. Er weist darauf hin, dass diese Praxis im Kommunismus zu ernüchternden Ergebnissen geführt habe (ebd., S. 217). Wogegen sich die christliche Soziallehre stelle, sei das „Großeigentum an Produktionsmitteln" (ebd., S. 212). Das führe leicht zu Missbrauch. Es berge die Gefahr, dass es zur Beherrschung von Menschen führe.

Den Weg, dieser Gefahr entgegenzuwirken,

sieht er nicht über die Enteignung, sondern über die Mitbestimmung. Weil aber das individuelle Eigentum für die Selbstbestimmung der Menschen so wichtig ist, setzt er sich für die Vermögensbildung in Arbeitnehmerhand ein. Lohnpolitik soll daher nicht nur darauf ausgerichtet sein, den Arbeitern ihren Lebensunterhalt zu finanzieren und die Arbeitszeiten zu verkürzen. Sie soll ebenso den Arbeiter in die Lage versetzen, Mittel anzusparen und Privateigentum zu erwerben. Nell-Breuning spricht von „Entproletarisierung“ und meint damit die Ausstattung der Arbeiter mit materiellen Gütern oder auch Rechten, die über das hinausgehen, was er zum Leben dringend braucht.

Eigentumsbildung muss es aber nicht nur individuell, sondern auch im öffentlichen Bereich geben. Zur volkswirtschaftlichen Gesamtleistung gehört auch, dass der Staat genug Einnahmen hat, um in seine Infrastruktur zu investieren (Verkehr, Straßen, Parks, Krankenhäuser, Müllentsorgung u.a.). Auch hier handelt es sich um Vermögensbildung, die allen Bewohnern zugutekommt und kommen soll (AdMz, S. 116f.).

Mitbestimmung

Mitbestimmung (MB) und Mitbestimmungsrechte (MBR) in Betrieben und Unternehmen sind für Nell-Breuning ein zentrales Thema. Er hat ihnen ein eigenes Buch gewidmet, das er in Frage-und-Antwort-Form aufgebaut hat. Er wendet sich dagegen, dass sich Kapital und Arbeit feindlich gegenüberstehen, und führt aus, dass es deren gemeinsame Aufgabe und Interesse sei, am Unternehmensziel und -erfolg zu arbeiten. Das Wort Interesse interpretiert er in der lateinischen Bedeutung von *inter esse*, d. h. „eingebunden sein", „teilnehmen". Er stellt klar:

> „Einen Anspruch auf Mitbestimmung leitet der arbeitende Mensch aus seiner Arbeit her; nicht als kleiner Anteilseigner (‚Kapitalist') will er mitbestimmen, ausgesprochenermaßen und betont aufgrund seiner Arbeitsbeteiligung." (Wor, S. 93).

Mitbestimmung ist für Nell-Breuning ein Grundrecht. Es beruht auf der Achtung der Menschenwürde und dem der Sozialpolitik zu Grunde liegenden Personalitätsprinzip. Gleichzeitig ist es „ein besonders aussichtsreiches und wirksames, weil unmittelbar durchschlagendes Mittel, um einen Missbrauch der Kapitalmacht zu unterbinden" (Mit, S. 25). Er stellt fest (im Jahr 1950), „dass bisher das Kapital allein in der Wirtschaft bestimmt hat, dass nunmehr aber auch die Arbeit mitzubestimmen haben solle" (ebd., S. 15). Unabdingbare Voraussetzung dafür seien Sachverständigkeit und Mitverantwortung (ebd., S. 13 ff.). Diese herzustellen gehöre zu den Aufgaben der Gewerkschaften und Arbeitervereine.

Nell-Breuning unterteilt die Mitbestimmungsrechte auf den sozialen, den personellen und den wirtschaftlichen Bereich. Er begrüßt es, dass in Deutschland im sozialen Bereich bereits eine starke Mitwirkung der Arbeitnehmerschaft gegeben sei, z. B. in der Arbeitsverwaltung und in den Sozialsystemen (Sozialversicherungen, Renten, Gesundheitsvorsorge, Kündigungsschutz u. a.) (ebd., S. 30).

Im personellen Bereich erkennt er an, dass bei der Berufung von Leitungskräften im Betrieb eine hohe Erfahrung und Kompetenz vorauszusetzen sei und der Kapitaleigner hier eine letzte Entscheidung und Verantwortung für sich beansprucht (ebd., S. 30).

Im dritten, dem wirtschaftlichen Bereich, bei dem es um das operative Geschäft, um Produktion bzw. um Arbeitsleistungen und -ergebnisse geht, sieht er ein Feld für intensive Mitbestimmungsrechte der Arbeitnehmer (ebd., S. 32).

> „Im Lohnarbeitsverhältnis als freiem Vertragsverhältnis begegnen Kapital und Arbeit einander grundsätzlich als vollkommen gleichberechtigte Vertragspartner. Beide Teile können daher die Vertragsbedingungen so stellen, wie es ihnen gut dünkt, solange nur die Gleichwertigkeit

> von Leistung und Gegenleistung gewahrt bleibt und kein Teil dem anderen etwas Unbilliges zumutet.“ (ebd., S. 35)

Was das Risiko der Kapitaleigner anbelangt, so weist er darauf hin, dass dies nach unserem Gesellschaftsrecht durch die Bildung einer Gesellschaft mit beschränkter Haftung (GmbH) oder einer Aktiengesellschaft (AG) gesetzlich eingeschränkt werden kann und sehr häufig auch wird. Insofern entfällt das Argument des vollen Kapitaleignerrisikos (ebd., S. 52). Nell-Breuning macht dann deutlich, dass es wesentlich darauf ankommt, wie ein Unternehmen strukturiert ist. Zu der Frage „Kann das Mitbestimmungsrecht in allen Betrieben in der gleichen Weise verwirklicht werden?“ führt er aus: „Je nach Art, Größe und Rechtsform des Betriebs muss die Mitbestimmung in sehr verschiedener Weise verwirklicht werden.“ (ebd., S. 51)

Nell-Breuning hat viele Wege dazu aufgezeigt, die konkrete Gestaltung aber an die Sozialpartner verwiesen.

Vereine, Gemeinschaften und Gesellschaften

Der Mensch ist ein soziales Wesen. Er kann nur in Gemeinschaft leben und sich entwickeln.

Nell-Breuning bezeichnet Familie und Staat als die naturgegebenen Vereinigungen, in die der Einzelne hineingeboren wird. Sie sind die wichtigsten Helfer eines jeden Menschen, die Familie durch Sozialisation und konkrete Lebenshilfen, der Staat durch seine Gesetze, Investitionen, Strukturmaßnahmen und Förderungen. Das aber ist nicht ausreichend, um alle Interessen und Bedürfnisse von Menschen zu befriedigen bzw. zu vertreten. Zwischen Familie und Staat gibt es daher Zusammenschlüsse und Vereinigungen, die darauf eingerichtet sind, die besonderen Anliegen ihrer Mitglieder zu fördern. Nell-Breuning unterscheidet zwischen Gemeinschaften und Gesellschaften:

> „Bei den Gemeinschaften beruht die Verbundenheit vor allem auf Zuneigung, Vertrautheit, gemeinsamer Herkunft, gemeinsamen Erlebnissen oder gemeinsamen Liebhabereien; man versteht sich als irgendwie zusammengehörig. Bei der Gesellschaft dagegen beruht die Verbundenheit auf gemeinsamen Zielen, Aufgaben oder Bedürfnissen; man braucht einander gar nicht persönlich zu kennen, es genügt, dass man sich von den gemeinsamen Anstrengungen Erfolg verspricht und um dessentwillen bereit ist, sich an diesen gemeinsamen Anstrengungen zu beteiligen, um so zum gemeinsamen Erfolg beizutragen." (GuF, S. 94)

Diese Unterscheidung ist ziemlich abstrakt. Nell-Breuning hält fest, „dass es auch Gemeinschaften gibt, die gesellschaftliche Züge aufweisen und Gesellschaften, die etwas von einer Gemeinschaft an sich haben“ (ebd., S. 94).

Er meint, dass Gemeinschaften mehr emotional und Gesellschaften mehr rational bestimmt seien. Nach diesen Feststellungen sind z.B. Heimatvereine, Hobbyclubs oder Studentenverbindungen eher als Gemeinschaften, Gewerkschaften, Parteien oder Berufsverbände eher als Gesellschaften zu benennen. Während die Gemeinschaften sich in der Regel selbst genügen, zeigen Gesellschaften meist eine große öffentliche Wirkung. Während man Erstere sich weitgehend selbst überlassen kann, bedürfen Letztere strengerer gesetzlicher Regelungen, damit ihre Bestrebungen rechtsstaatlich bleiben und nicht andere Gruppen beschädigen oder benachteiligen.

Die Freiheit, sich solchen Gesellschaften anzuschließen (oder auch nicht), bezeichnet Nell-Breuning als elementares Menschenrecht. Wie in der Enzyklika „Quadragesimo anno“ formuliert, setzte sich Nell-Breuning für die Gründung von Vereinen und Organisationen ein, die das soziale, wirtschaftliche und kulturelle Interesse der Arbeitnehmerschaft fördern sollten. Eine enge Verbindung hielt er zur 1971 gegründeten Katholischen Arbeitnehmer-Bewegung (KAB), die aktuell (2024) in Deutschland rund 75.000 Mitglieder zählt, und ebenso zu ihrer Jugendorganisation Christliche Arbeiterjugend (CAJ).

Weil es ihm in seiner Sozialphilosophie besonders um Arbeitnehmerrechte und soziale Ausgeglichenheit geht, hat er sich intensiv mit den Gewerkschaften als Interessenvertretern der Arbeiter befasst. Außerdem begrüßte er das freie Genossenschaftswesen. In der freien, nicht staatlich dirigierten Genossenschaft können sich die Prinzipien der christlichen Soziallehre optimal entfalten: Die Mitglieder bleiben selbstbestimmt, leiten die Genossenschaft gemeinsam und haben alle dieselben Rechte. Die Subsidiarität ist schon dadurch gegeben, dass die zusammenarbeitenden Genossenschaftler unterschiedliche Fähigkeiten mit sich bringen und wegen der gebündelten Wirtschaftskraft die technische Ausrüstung besser ist als im Einzelbetrieb. Solidarität schließlich ist in der Genossenschaft Grundbedingung. Was jedes Genossenschaftsmitglied im Bereich seiner Aufgaben tut, dient und nutzt auch den anderen.

Gewerkschaften

Als wichtigsten Verfechter von Arbeitnehmerinteressen sieht Nell-Breuning die Gewerkschaften. Er definiert sie als „freie, das heißt aus eigenem Entschluss gebildete und auf eigener

Kraft stehende Zusammenschlüsse von Arbeitnehmern mit dem Ziel, über die Arbeitsbedingungen nicht mehr einzeln, sondern nur gemeinsam mit den Arbeitgebern zu verhandeln" (GuF, S. 132). Entscheidend ist also, dass Arbeitsverträge nicht individuell, sondern kollektiv ausgehandelt werden. Als Vertreter von vielen Arbeitnehmern haben die Gewerkschaften eine viel größere Verhandlungsmacht als der einzelne Arbeiter. Anstelle von Einzelverträgen kommt es daher zu Tarifabschlüssen, die für alle Betroffenen gelten und den Charakter von Gesetzen haben (ZSF, S. 148). Nell-Breuning stellt dazu fest, es seien alles in allem „doch beachtliche Fortschritte […] festzustellen", auch „haben die Arbeitsbedingungen […] sich ständig zugunsten der Arbeitnehmerschaft verbessert" (ebd., S. 149).

Er unterscheidet zwischen Einheits- und Richtungsgewerkschaften. Die Einheitsgewerkschaft vertritt die Interessen aller Arbeitnehmer gegenüber den Arbeitgebern. Sie bildet ein Kartell für die Rechte und Wohlfahrt der Arbeitnehmerschaft. Richtungsgewerkschaften dagegen vertreten die Anliegen ihrer Mitglieder und darüber hinaus auch weltanschauliche und gesellschaftspolitische Interessen. Nell-Breuning bevorzugt die Einheitsgewerkschaft (Schroeder, S. 311), weil ihm der Wohlstand aller Arbeiter am Herzen liegt. Es geht ihm auch um die Stärke der Gewerkschaft, die in der Lage sein muss, wirksame Arbeitskämpfe zu führen (GuF, S. 135f.), und dabei immer auch das Gesamtinteresse aller Bürger im Blick haben sollte.

Staatsordnung

Neben Person und Familie spielt der Staat eine gewichtige Rolle im Sozialsystem der Menschen. Er ist gott- bzw. naturgegeben. Person und Familie sind in ihrer Macht beschränkt und unvollkommen (ebd., S. 68). Sie brauchen den Staat zur Verwirklichung vieler ihrer Interessen und Bedürfnisse.

Nell-Breuning sieht den Staat als „Genossenschafts- und Herrscherverband“ (ebd., S. 76). Genossenschaft ist er, weil er der Zusammenschluss freier und gleichberechtigter Personen ist. Herrschaftsverband, weil er, um die Interessen der Genossen durchzusetzen, auch über Hoheitsrechte und Gewalt verfügen muss (ZcS, S. 40).

Nell-Breuning führt eine Reihe von staatlichen Herrschaftssystemen auf und macht deutlich, dass er die Demokratie bzw. die konstitutionelle Monarchie für die besten hält. Wesentlich sind ihm dabei die Toleranz und die Achtung vor dem Gewissen des Einzelnen. „Darum dürfen in einer Demokratie nicht Mehrheitsentscheidungen über alles getroffen werden“ GuF, S. 92).

Der Minderheitenschutz ist ein Kernelement der Demokratie. Der Staat dürfe seinen Bürgern keine Weltanschauung vorschreiben, könne aber auch nicht wertneutral handeln, „weil gemeinsam zielgerichtetes Handeln ohne übereinstimmende als werthaft bejahte Ziele nicht möglich ist“ (ebd., S. 99).

Um die staatliche Gemeinschaft zusammenzuhalten, braucht es ein „einheitsstiftendes Band“ ebd., S. 34). Dies kann sich daraus ergeben, dass sich ein Führer an die Spitze des Staats gestellt hat, dem alle folgen (ebd., S. 44). Besser aber und menschenwürdiger ist es, wenn das „Gemeinwohl“, d. h. das gemeinsame Wollen und Streben aller, dieses Band darstellt (ebd., S. 44). Es ist ein Ausdruck des Solidaritätsprinzips.

Gemeinwohl

„Gemeinwohl“ ist bei Nell-Breuning ein immer wiederkehrender Begriff. Es beschreibt das, was in einem Staat die einzelnen Personen, ihre Familien und die gesellschaftlichen Kräfte wollen und erstreben, aber allein nicht verwirklichen können (ebd., S. 68).

> „Einzelwohl und Gemeinwohl stehen in Wechselbeziehung zueinander; das Einzelwohl der Glieder trägt das Gemeinwohl des Ganzen, dieses hinwiederum er-

möglicht und fördert das Einzelwohl des Gliedes." (ebd., S. 48)

Umgekehrt können und sollen alle Glieder zum Gemeinwohl beitragen. Der Dienst an der Gesellschaft ist letztlich Dienst an ihnen selbst (ebd., S. 52). Welche erstrebenswerten Ziele zum Gemeinwohl gehören, dazu äußert sich Nell-Breuning nicht direkt. Sie ergeben sich im Wesentlichen aus seinen Vorstellungen zur Arbeit, zum volkswirtschaftlichen Arbeitslohn, zum Eigentum und zur Mitbestimmung.

Widerstand

Nell-Breuning schreibt keine bestimmte Staats- oder Regierungsform vor. Was er aber empfiehlt, ist ein genossenschaftliches System, in dem die Staatsbürger über Gesetze und Normen bestimmen und Gerechtigkeit und Subsidiarität herrschen. Was aber, wenn dies nicht der Fall ist und der Staat von Personen oder Gruppen beherrscht wird, die nur ihre eigenen Interessen und Machtbedürfnisse im Sinn haben, die korrupt sind, die Gesetzgebung missbrauchen, die willkürlich und grausam regieren? Für Nell-Breuning bedeutet dies einen Notstand, der das Recht der Bürger zum Widerstand hervorruft. Er hat die Hitlerherrschaft erlebt und als „satanisch" bezeichnet und geschrieben: „Kein

Mensch deutscher Geschichte hat dem deutschen Volk größere Wunden geschlagen, hat den deutschen Namen in aller Welt so geschändet wie Adolf Hitler und seine ihm verschworene Gemeinschaft“ (ZcS, S. 148). Als Antwort darauf führt er aus:

> „Daraus ergibt sich, dass gegen willkürliche und unsachgemäße Ausübung der herrschenden Gewalt eine rechtmäßige Abhilfe gegeben sein muss. Diese Abhilfe bietet das Widerstandsrecht.“ (ebd., S. 151)

Und noch deutlicher: „Solchem Treiben gegenüber steht den Untertanen das Recht des Widerstands zu. Dieser Widerstand kann unter Umständen sogar sittliche Pflicht sein“ (ebd., S. 40). Für Deutschland nimmt er dabei ganz konkret die Gewerkschaften ins Visier:

> „Bei Angriffen auf die verfassungsmäßige Ordnung haben sie ohnehin wie ‚alle Deutschen‘ (Art. 20, Abs. 4 GG), ‚das Recht zum Widerstand‘ und sind wahrscheinlich sogar die einzigen, die über geeignete Mittel verfügen, um es mit Aussicht auf Erfolg auszuüben.“ (GuF, S. 145)

Das sind deutliche Positionen. Dabei setzt er jedoch strenge Kriterien an. Zunächst einmal ist zu prüfen, ob der aufgetretene Missstand evolutionär, d.h. mit friedlichen Mitteln, gelöst werden kann. „Wo Evolution zum Ziel führt, besteht kein Recht zur Revolution" (ZcS, S. 152).

Führen die friedlichen Mittel nicht zum Ziel, so kommt als nächste Maßnahme ein passiver Widerstand in Frage. Darüber, wie der aussehen kann, äußert sich Nell-Breuning nicht. Als wichtigste Mittel dazu gelten allgemein die Befehlsverweigerung und der (General-)Streik.

Wenn der passive Widerstand nicht fruchtet, bleibt der aktive Widerstand, der Gewaltmaßnahmen bis hin zu Attentaten und Revolutionen einschließt. Tyrannenmord wurde in der christlichen Soziallehre viel diskutiert und unter bestimmten Umständen für berechtigt angesehen. Auch Nell-Breuning hat das Recht zum Widerstand (etwa durch Attentate) nicht begrenzt, und zur Revolution sagt er:

> „Unerlässliche, wenn auch für sich allein nicht ausreichende Voraussetzung der Erlaubtheit einer Revolution ist [...] ein auf andere Weise nicht zu behebender Notstand [...,] ein Staatsnotstand." (ebd., S. 148)

Drei Bedingungen sind an eine Revolution oder ein Attentat zu stellen: Sie müssen eine hohe Wahrscheinlichkeit haben, dass sie gelingen, denn sonst führen sie zu noch mehr diktatorischer Gewalt. Sie müssen auf die Beseitigung des bestehenden Übels konzentriert sein, und sie müssen zu einer Umkehr der bestehenden Ungerechtigkeiten und Willkür führen.

Resümee

Nell-Breuning hat ein unvorstellbares Gesamtwerk hinterlassen. Es gibt kaum ein soziales oder sozialphilosophisches Thema, zu dem er nicht Stellung genommen hätte. Das war möglich, weil er bei guter geistiger Verfassung ein Alter von 101 Jahren erreichte, bescheiden und diszipliniert lebte, als Jesuitenpater unverheiratet und kinderlos war und in seinem Lebensunterhalt von seinem Orden versorgt wurde, sich also ganz seiner Arbeit widmen konnte.

Inhaltlich lassen sich seine Spuren vielfach nachweisen. Vieles im Selbstverständnis der Bundesrepublik Deutschland, so die Sozialstaatsklausel im Grundgesetz, das Föderalismusprinzip, der Schutz der Familie, die Mitbestimmungsgesetze und die Art der Tarifverhandlungen sind von ihm mit angeregt oder begleitet worden.

Nell-Breuning zählt damit zu den bedeutendsten Sozialphilosophen. Er war zwar eng an die katholische Kirche gebunden, doch seine Erkenntnisse und Lehrsätze gehen über kirchliche Sitten- und Glaubenslehren hinaus. Er hat sich den sozialen Themen gestellt und sie sachlich, logisch und wissenschaftlich aufgegriffen und behandelt. Dass er sich immer wieder auf das Naturrecht berief, tut dem wenig Abbruch.

Einen unschätzbaren Wert in den Konzepten Nell-Breunings stellen die drei Sozialprinzipien und hierbei vor allem das Subsidiaritätsprinzip dar. Sie sind keine Ideologien, sondern Verhaltensweisen, die sich allein an uns Menschen ausrichten. Angewandt und gelebt bieten sie eine Basis für ein friedliches, freudvolles und spannendes menschliches und gesellschaftliches Leben. Zugleich bilden sie ein Bollwerk gegen mögliche staatliche Anmaßungen und Willkür. Unter menschengerechten und friedlichen Bedingungen werden sie jedem anderen System überlegen sein. Sein wichtigstes Werk, die Darstellung des Subsidiaritätsprinzips, hat dabei weltweit einen sehr hohen Stellenwert. Es wird vor allem in demokratisch strukturierten Staaten sowie in vielen Unternehmen und Organisationen erfolgreich angewandt.

Von großem Interesse sind auch Nell-Breunings Vorstellungen zum Wert der Arbeit, zum Eigentum und zur Mitbestimmung. Seine Gedanken zum volkswirtschaftlichen Lohn klingen zunächst ungewohnt, werden in den Tarifverhandlungen aber heute schon teilweise praktiziert (Tarifgebiete). Sein Eigentumskonzept ist höchst sozial und zugleich freiheitlich. Die Sozialverpflichtung des Eigentums findet sich auch im Grundgesetz (Art. 14, II, GG).

Anstoß erregten auch seine Äußerungen zur Arbeitszeit, doch niemand wird bestreiten können, dass die Entwicklung derzeit – langsam –

in die von Nell-Breuning bezeichnete Richtung geht (4-Tage-Woche, Home-Office u. a.). Wenn Massenarbeitslosigkeit die Alternative wäre, ist der „konkreten Utopie“ allemal der Vorzug zu geben.

Zur Mitbestimmung hat er zwar sehr umfangreich argumentiert, aber kein bestimmtes Modell bevorzugt. Das entsprach auch seiner Gesamthaltung, dass er zwar viele Probleme beim Namen genannt und diskutiert, die konkrete Lösung aber den Betroffenen, Funktionären, Politikern oder Unternehmern überlassen hat.

Beim Arbeitsrecht hat er richtig darauf hingewiesen, dass es heute nicht mehr nur um den Gleichklang von Arbeit und Kapital geht, sondern die Unternehmenslenker und Manager als wichtige Faktoren hinzugetreten sind. Aus neuerer Sicht müssten die Themen Digitalisierung, Kreativität, Erfindungsgeist sowie die Künstliche Intelligenz hinzugezogen werden. Gerade im EDV-Bereich werden sich die Spezialisten eine gewisse Meinungsführerschaft vorbehalten wollen und müssen. Es entspricht völlig den Lehren Nell-Breunings, immer offen zu bleiben und den Verstand zu gebrauchen.

Quellen, Literatur, Siglen

Arnold, Johann: „Wir haben uns zwar gar nicht vertragen […]“. Oswald von Nell-Breuning in der Sozialstudentischen Bewegung unter Carl Sonnenschein, Trier 2011 = Arnold

Gaudium et spes, Pastoralkonstitution des 2. Vatikanischen Konzils über die Kirche in der Welt von heute, 1965, in: KAB, S. 321 ff. = Gau

Katholische Arbeitnehmer-Bewegung Deutschlands (Hg.): Texte zur katholischen Soziallehre. Die sozialen Rundschreiben der Päpste und andere kirchliche Dokumente. Mit einer Einf. von Oswald von Nell-Breuning, Köln 1975 = KAB

Nell-Breuning, Oswald von: Arbeitet der Mensch zuviel?, Freiburg i. Br. 1985 = AdMz

Nell-Breuning, Oswald von: Gerechtigkeit und Freiheit. Grundzüge katholischer Soziallehre, 2. Aufl., München 1985 = GuF

Nell-Breuning, Oswald von: Mitbestimmung, Landshut 1950 = Mitb

Nell-Breuning, Oswald von: Worauf es mir ankommt. Zur sozialen Verantwortung, Freiburg i. Br. 1983 = Wor

Nell-Breuning, Oswald von/Sacher, Hermann (Hg.): Zur christlichen Gesellschaftslehre, 2., überarb. und erw. Aufl., Freiburg 1954 = ZcG

Octagesima adveniens, Apostolisches Schreiben von Papst Paul VI., zum 80. Jahresgedächtnis der Enzyklika „Rerum Novarum“, in: KAB, S. 487 ff. = Oct.

Populorum progressio, Enzyklika von Papst Paul VI., 1967, in: KAB, S. 435 ff. = Pp

Quadragesimo anno, Enzyklika von Papst Pius XI., 1931 in: KAB, S. 91 ff. = Qua

Sacher, Hermann/Nell-Breuning, Oswald von (Hg.): Zur Sozialen Frage, 2., neu barb. Aufl., Freiburg i. Br. 1958 = ZSF

Schroeder, Wolfgang: Oswald von Nell-Breuning, in: ders.: Gewerkschaftspolitik zwischen DGB, Katholizismus und CDU 1945–1960, Köln 1990, S. 302–311 = Schroeder